Tafitis Welt von Julia Boehme und Julia Ginsbach:

Band 1: Tafiti und die Reise ans Ende der Welt
Band 2: Tafiti und das fliegende Pinselohrschwein
Band 3: Tafiti und das Riesenbaby
Band 4: Tafiti und Ur-ur-ur-ur-ur-uropapas Goldschatz
Band 5: Tafiti und ein unheimlicher Held
Band 6: Tafiti und die Affenbande
Band 7: Tafiti und der Honigfrechdachs
Band 8: Tafiti und das große Feuer
Band 9: Tafiti und die doppelte Majestät

Meine Freunde (Tafiti)
Tafiti – Mein Malbuch
Das große Tafiti-Liederalbum (Lieder-CD)
Tafitis Savannenparty – Lernspiele (App)

Lernen mit Tafiti – Erste Buchstaben
Lernen mit Tafiti – Zahlen von 1 bis 10
Lernen mit Tafiti – Rechnen von 1 bis 20
Lernen mit Tafiti – Erstes Schreiben

Das große Tafiti-Wimmelbuch
Tafiti und der geheimnisvolle Kuschelkissendieb
Tafiti – Heute bin ich du!

FSC
www.fsc.org
MIX
Papier aus verantwortungsvollen Quellen
FSC® C018236

ISBN 978-3-7855-8639-6
1. Auflage 2017

Illustrationen von Julia Ginsbach
Text von Julia Boehme
Umschlaggestaltung: Elke Kohlmann
Printed in Poland

www.tafitiswelt.de
www.loewe-verlag.de

Julia Boehme · Julia Ginsbach

Tafiti

Heute bin ich du!

Loewe

Mitten in Afrika, in der Savanne, steht ein Schwein und malt. Schließlich ist es ein Pinselohrschwein. Eifrig taucht es seine wuscheligen Ohren in bunte Farben und malt seinen allerbesten Freund: Tafiti.
Schon bald ist das Bild fertig.
„Ist das toll geworden – wie immer!“, schwärmt Tafiti. „Ich wünschte, ich könnte auch so malen!“
„Dann mal los“, grunzt Pinsel fröhlich.
„Dafür bräuchte ich aber Pinselohren genau wie du!“ Tafiti überlegt. Mit Erdmännchenohren kann man nicht malen. Aber was wäre, wenn …?
Tafiti strahlt. „Weißt du was? Heute bin ich du!“

„Wie?“, schnauft Pinsel verwundert.
„Ich bin heute du“, wiederholt Tafiti. „Pinsel, das Pinselohrschwein!“
Eifrig tunkt er sein kleines Ohr in die Farbe und malt los.
Pinsel runzelt den Rüssel. „Schön und gut. Aber wer bin ich dann, wenn du schon ich bist?“
„Denk dir was aus“, grunzt Tafiti.
„Ich hab’fs!“, ruft Pinsel. „Ich bin fSeine Löwenmajefstät King Kofi! UAAAH!“
„Friss mich nicht“, quiekt Tafiti und versteckt sich hinter der Leinwand.
„Oh doch! Ein Pinfselohrfschwein, wafs für ein köfstlicher Nachtifsch!“, lispelt Pinsel und schleckt sich die Schnauze.

Die Elefanten grasen in der Nähe. Und der kleine Mojo hat alles mit angeguckt.
„Was macht ihr denn da?“, trötet er neugierig.
„Wir sind heute mal jemand anderes“, erklärt Tafiti. „Ich bin jetzt Pinsel und Pinsel ist King Kofi.“
„Au ja, da mache ich mit!“ Mojo schwenkt freudig seinen Rüssel. Ein kleiner Schmetterling fliegt vorüber und da weiß Mojo plötzlich, wer er sein möchte.
„Ich bin ein Schmetterling!“ Mojo tänzelt auf den Zehenspitzen und flattert mit den Ohren: „Guckt mal, ich fliege!“

„Und was ist mit uns? Wir wollen auch jemand anderes sein!" Die Webervögel segeln von ihrem Baum hinunter. „Heute sind wir Springhasen!"
Und schon hopsen die Vögel hoch und runter, hoch und runter, hoch und runter. Wie echte Springhasen eben. Nur manche schummeln ein bisschen und schlagen mit den Flügeln …

Selbst Norbert Nashorn will mitmachen.
„Ich bin heute ein Zebra", schnaubt er.
„Dann komm her!", lacht Tafiti und malt ihm lauter schwarze Streifen auf die lederne Haut.
„Sehe ich nicht schick aus?", jubelt Norbert und galoppiert, so leichtfüßig er kann, durch das Steppengras.

Tafitis Opapa hat sich alles mit angeschaut.
„Und wisst ihr, wer ich bin?“, fragt er vergnügt.
Tafiti und Pinsel schütteln die Köpfe.
„Ich bin Kukukifuku“, sagt Opapa.
„Da bin ich ja mal gespannt“, ruft Tafiti. Wenn Opapa ein Erdferkel nachmacht, wird das bestimmt lustig.
Aber Opapa legt sich einfach nur in die Hängematte. „Erdferkel schlafen nämlich tagsüber“, gähnt er. „Und ich mache jetzt auch ein Nickerchen!“

„Wie langweilig“, murmelt eine Schildkröte,
die gerade vorbeikriecht.
„Ich will lieber etwas ganz Aufregendes sein!“
Sie muss gar nicht lange überlegen. „Ich bin
ein Krokodil“, ruft sie und sperrt ihr Maul so
weit auf, wie es nur geht. „Passt auf oder ich
fresse euch!“
„Nein, ICH frefsse euch!“, brüllt es plötzlich
und King Kofi springt hervor.

Oh, nein! Die Freunde erstarren. Sie haben den Löwen gar nicht kommen sehen.

„Ha, ha, wird daſs lecker!“, lacht Seine Löwenmajestät. „Ich werde euch jetſzt alle verſspeiſsen, ſso wahr ich King Kofi heiſße!“

„Moment mal, Sie können ja gar nicht King Kofi sein“, behauptet Tafiti kühn.
„Wafs? Wiefso?“, lispelt der Löwe verwundert.
„Ganz einfach“, erklärt Tafiti. „Weil Pinsel nämlich schon King Kofi ist!“
„Oje“, haucht Pinsel erschrocken.
Aber Tafiti schaut dem Löwen fest in die Augen. „Wir sind heute nämlich alle jemand anderes.“

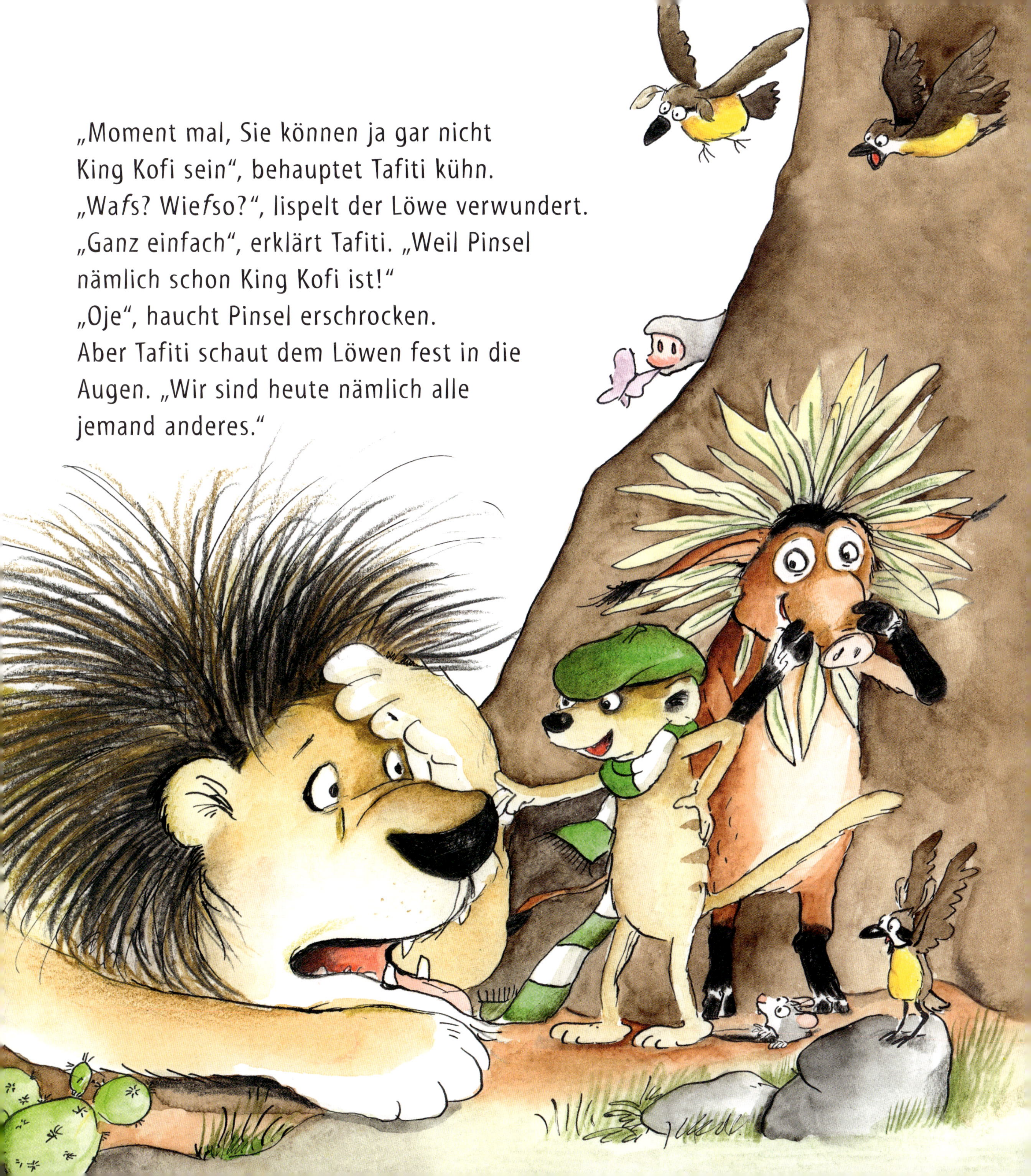

„fSo?“ King Kofi versteht erst nicht.
Doch da richtet sich Pinsel auf. „Ich bin der fStärkfste, ich bin der Befste. Ich bin fSeine Löwenmajefstät King Kofi“, grunzt er mutig und brüllt, so laut er kann. Ein echtes Schweinelöwenbrüllen!
„Hä? Und wer bin ich dann?“, fragt King Kofi verdutzt.
„Sie sind heute … eine Maus“, antwortet Tafiti schnell. „So eine klitzekleine Maus!“
Tafiti hält seine Pfoten eng aneinander.
„Und Sie wollen unbedingt in dieses Mäuseloch hinein!“ Das Erdmännchen deutet auf ein kleines Loch im Steppenboden.
„Da rein?“ King Kofi zögert, doch dann probiert er es aus. Mit dem Kopf voran.

Diesen Moment nutzt Tafiti aus. „Weg hier!“, brüllt er den Freunden zu.
Das lassen sich die anderen nicht zweimal sagen und machen sich schleunigst aus dem Staub.
Und zwar jeder auf seine Weise. Denn auf einen Schlag sind alle wieder zurückverwandelt!

Norbert und Mojo traben davon, die Vögel flattern schnell in die Bäume, die Schildkröte verkriecht sich in ihren Panzer und Opapa, Pinsel und Tafiti verschwinden flugs in der Erdmännchenhöhle.

Verzweifelt scharrt King Kofi am Mäuseloch und versucht sich da irgendwie hineinzuzwängen. Aber vergebens!
„Da pa*f*ss ich nicht rein!“, faucht der Löwe sauer. Dann erst schaut er sich um. Aber es ist niemand mehr da. Außer der Schildkröte, die sich sicher in ihrem Panzer versteckt.
„*f*SAUEREI!“, schimpft King Kofi. Ärgerlich schüttelt er seine Mähne. „Ich bin King Kofi! Und der bleibe ich auch! Ba*f*sta!“, brüllt er so laut, dass es alle in der Savanne hören können.

„Und ich bin Pinsel", schnauft Pinsel fröhlich und immer noch ein wenig außer Atem. „Stell dir vor, ich wäre wirklich King Kofi!" Pinsel reißt seine Schnauze weit auf. „Pafss blofss auf oder ich frefsse dich!"
„Hör auf!", kichert Tafiti. „Ich bin so froh, dass du in echt Pinsel bist!"
„Und ich, dass du Tafiti bist!", grunzt Pinsel und strahlt.